이별, 그 후의 나

그럼에도 사랑이 필요한 당신에게
변호사 안귀옥

이별, 그 후의 나

펴낸날	초판 1쇄 2025년 11월 20일
지은이	안귀옥
펴낸이	서용순
펴낸곳	이지출판
출판등록	1997년 9월 10일
등록번호	제300-2005-156호
주소	03131 서울시 종로구 율곡로6길 36 월드오피스텔 903호
대표전화	02-743-7661 팩스 02-743-7621
이메일	easy7661@naver.com
창작지도	윤보영감성시학교
영문번역	정백락 · 박준용
디자인	김민정
인쇄	ICAN
물류	(주)비앤북스

ⓒ 안귀옥 2025, Printed in Seoul, Korea

값 15,000원

ISBN 979-11-5555-270-4 04810
   979-11-5555-272-8 04810(세트)

※ 저자와 합의하여 인지는 생략합니다.
※ 이 책의 전부 또는 일부 내용을 재사용하려면 사전에 저작권자와
   이지출판의 동의를 얻어야 합니다.
※ 잘못 만들어진 책은 구입하신 서점에서 교환해 드립니다.

이별, 그 후의 나

안귀옥 변호사 법정 시집 ③

이지출판

● **추천의 글_** 윤보영 커피시인

　제가 알기엔 세계 최초의 법정 시집이 탄생했습니다.
　존경하는 안귀옥 변호사님이 오랜 법정 경험 속에서 갈등의 순간들을 감성시로 승화시켜 3권의 시집에 담았습니다.

　안귀옥 변호사님은 감성시를 통해 만났습니다. 일상의 경험을 시로 표현하는 과정에서, 법정에서 마주한 수많은 갈등을 감동적으로 표현하는 것을 보고 '법정 시집' 출간을 권유했습니다. 제 의견을 받아들여 마침내 그 누구도 시도하지 못한 의미 있는 결실을 이뤄 냈습니다.

　이 시집은 그저 단순한 책이 아닙니다. 부부와 가족이 겪는 갈등을 시를 통해 풀어나갈 수 있도록 도와줄 뿐만 아니라, 법조인들에게는 새로운 시각을 제시하는 지침서 같은 귀한 선물이 될 게 분명합니다.

저 역시 시를 읽으면서 눈시울이 붉어졌습니다. 앞으로도 변호사님의 시상(詩想)이 샘물처럼 솟아나 따뜻한 사회를 만드는 데 시인으로서 더 큰 역할을 해 줄 것을 부탁드립니다. 그 과정에 저 역시 시인으로 함께할 것을 약속드립니다.

끝으로, 3권의 시집을 동시에 발간하신 시인님과 특별히 엄마의 시를 영어로 번역해 준 아드님, 그리고 든든한 힘이 되어 주신 가족분들께 깊이 감사드립니다.

2025년 11월

● 추천의 글_ **왕미양** 한국여성변호사회 회장

이혼 법정에서 만난 사람들의 이야기,
시로 피어나다

변호사로 살아오며 수많은 이혼 사건을 마주해 왔습니다. 그러는 사이, 저는 깨닫게 되었습니다. 이혼 법정이란 단지 법과 증거로만 움직이는 공간이 아니라, 사랑의 끝과 새로운 시작이 교차하는 인간의 깊은 내면의 소리를 듣게 되는 자리라는 것을요.

그곳엔 상처와 아픔, 회복과 희망이 공존합니다. 말로다 담을 수 없는 감정들, 판결문에 적히지 않는 사연들, 소송 서류 어디에도 남지 않는 그날의 눈빛과 침묵들— 안귀옥 변호사님의 시는 바로 그 이야기를, 그 마음을 품고 있습니다.

이별의 순간부터 흘러간 시간들, 그리고 다시 삶의 자리를 찾아가는 그 긴 여정까지, 시인은 따뜻하고 섬세한 언어로 이별의 풍경을 어루만집니다. 그 속엔 상처받은 이들의 아픔에 깊이 공감하며, 조용히 손을 내미는 시인의 시선이 고스란히 담겨 있습니다.

  헤어짐을 다루는 법정에서, 그 너머의 삶을 품은 시집이 태어났습니다. 법과 문학이 만나 빚어낸 이 귀한 결실을, 모든 법률가와 위로가 필요한 이들에게 진심으로 권합니다.

  2025년 11월

● 추천의 글_ **권갑하** 시인, 문화콘텐츠학박사

사랑, 그 긴 변론의 끝에서 피어난 시

이 3권의 시집은 한 여성의 마음을 지나온 사랑의 이야기이자, 인간이 상처를 겪고 다시 일어서는 회복의 기록이다. 안귀옥 시인은 오랜 세월 법정에서 수많은 이별과 화해, 상처와 회복의 순간들을 지켜보았다. 이혼 전문 변호사로서 타인의 아픔을 마주해 온 그 시선이, 시를 만나 비로소 자신의 내면 언어로 피어난 것이다.

첫 번째 시집 《내 안에 머물러 있는 순간들》은 사랑의 시작과 끝을 바라보며 관계의 진실을 배우는 연습이다.

> 결혼은
> 같이 숨 쉬는
> 연습이었는데
>
> 나는
> 자꾸 내 호흡만
> 세고 있었어요.
>
> — 〈연습〉 부분

이 짧은 고백 속엔 사랑의 온도와 균형, 그리고 '함께 한다는 것'의 어려움이 그대로 배어 있다.

두 번째 시집 《조용히 무너지는 것들》은 무너진 자리에서 다시 일어서는 치유의 이야기다.

거울 앞에 섰어요
잠깐 나를 보다가
처음으로 말했어요
"괜찮아, 넌 잘 살아왔어."
― 〈처음 해 본 말〉 부분

이 한 구절은 법정에서 들려온 수많은 사연보다도 더 깊은 자기 고백이다. 상처받은 자아가 마침내 '내 편이 된 나'로 서는 순간의 울림이 있다.

세 번째 시집 《이별, 그 후의 나》는 모든 고통을 지나 마침내 얻은 평화의 순간을 노래한다.

> 상처도
> 빛을 받으면
> 아름다워지는 것을
> 그때 알았어요.
>
> — 〈상처〉 부분

 이 한 줄은 긴 어둠을 지나 마침내 찾은 빛의 고백이다. 시인에게 이별은 끝이 아니라 자신에게로 돌아가는 새로운 시작이다.

 이 3권의 시집은 '사랑-상처-회복'으로 이어지는 한 편의 긴 서정적 여정처럼 읽힌다. 법정에서의 언어가 판결의 언어였다면, 시 속의 언어는 용서와 이해, 그리고 치유의 언어다.
 시인은 흩어진 인간의 감정을 시라는 그릇에 고요히 담아낸다. 단정하고 절제된 목소리로 우리에게 속삭인다.

"괜찮아요, 당신도 다시 피어날 수 있어요."

안귀옥 시인의 시는 슬픔을 위로로, 상처를 빛으로 바꾸는 삶의 변호문이다. 그의 시에는 법정의 냉정함을 넘어선 사랑의 따뜻함이 잔잔히 흐른다.

이 3권의 시집은 오랫동안 독자들의 마음에 남아, 사랑의 본질과 인간의 품격을 다시 생각하게 하는 소중한 문학의 증언이 되기를 바란다.

2025년 11월

● 시인의 말

  이별의 끝에서, 처음부터 다시 자신을 안아 주는 연습을 하게 됩니다. 상처는 시간을 따라 조금씩 흐려지고, 무너졌던 마음은 말 없이 피어나는 꽃잎처럼 서서히, 그러나 분명하게 일어섭니다.

  이 시집은 그 회복의 순간들을 담은 기록입니다. 혼자 밥을 차리고, 혼자 창밖을 바라보다가, 혼자 울다가도 어느 날 문득 자신을 위해 웃게 되는 순간들, 그 고요하고 단단한 변화들을 시 한 편 한 편에 옮겨 담았습니다.

  이별은 분명 아픕니다. 하지만 그 아픔을 지나온 사람에게 더 깊어진 시선과 더 단단해진 마음이 남습니다.
  누군가는 말했습니다.
  "다 괜찮아질 거야."
  그 말을 믿기까지는 꽤 많은 시간이 필요했지만, 결국 그 말은 현실이 되었습니다.

이 시집을 읽는 당신이 지금 어디쯤 걷고 있든, 이 페이지들이 소리 없이 곁에 머물러 주기를 바랍니다. 아직 서툴고 흐린 마음일지라도, 그 안에는 반드시 다시 피어날 온기가 숨 쉬고 있으니까요.

사랑이 지나간 자리에, 언젠가 다시 자신을 심을 수 있습니다. 그리고 그 자리에서, 새로운 삶을 조금씩 키워 나갈 수 있습니다.

시집이 탄생하도록 따뜻한 지도와 격려를 보내 주신 윤보영 시인님, 귀한 추천의 글로 힘을 보태 주신 권갑하 시인님과 왕미양 회장님, 시의 아름다움을 함께 번역해 주신 정백락 선생님과 박준용 군, 그리고 아름다운 책으로 완성해 주신 이지출판사 서용순 대표님께 깊은 감사를 드립니다.

여러분의 진심 어린 마음과 손길이 모여 이 시집이 꽃으로 피어날 수 있었습니다.

2025년 11월
안귀옥

● 차례

추천의 글_ **윤보영** 커피시인 • 4
추천의 글_ **왕미양** 한국여성변호사회 회장 • 6
추천의 글_ **권갑하** 시인, 문화콘텐츠학박사 • 8
시인의 말 • 12

제1부 온전한 나로 살고 있어요

아직도 그 이름은 • 22
그냥, 나! • 24
혼자라는 건 • 27
주말에 • 29
너라는 나 • 31
나도 모르게 • 33
기회 • 35
많이 힘들었지? • 37
'용서'라는 이름 • 39
용서의 속도 • 41
다 주지 않아도 • 43
이름을 들어도 • 45
가끔, 문득 • 47
그대와 듣던 노래 • 49

셀카 한 장 • 23
진실이었다 • 26
셀프 체크 • 28
거울 속의 너 • 30
나만의 자리 • 32
라디오 목소리 • 34
괜찮아, 수고했어 • 36
그땐 몰랐어요 • 38
조금씩 • 40
그때의 나에게 • 42
그리움 • 44
지금은 • 46
시간이 조금씩 • 48

제2부 느려도 조급해하지 않을게요

밥은 잘 먹고 있나요 · 52
내 안의 계절 · 54
이유 없는 미소 · 56
희망 · 58
대견한 나 · 60
뒤돌아보지 않기 · 62
넘어져도 괜찮아 · 64
지금 이대로 · 66
결국, 걸어왔다 · 68
길 위에서 · 70
덜어 내기 · 72
삶이 준 선물 · 74
조용한 저녁 · 76
혼자 걷는 거리 · 78

생일에 · 53
살아 있다는 증거 · 55
낯선 웃음 · 57
눈물 끝에 핀 웃음 · 59
설렘 · 61
이정표가 없어도 · 63
나답게 · 65
천천히 피는 꽃 · 67
내가 나에게 · 69
보내지 않는 말 · 71
흔적 · 73
위로 · 75
매일 연습 · 77

제3부 다시 웃을 수 있어서 고마워요

괜찮아요 • 80
나의 달력 • 82
익숙해지면 • 84
그냥 놔둬요 • 86
살아 보니 • 88
이 말 한마디 • 90
오늘도 나는 • 92
새순이 올라왔어요 • 94
이제야 피는 꽃 • 96
그대와의 기억 • 98
조금 모자라도 • 100
열린 창문으로 • 102
믿음 하나로 • 104

혼자 먹는 밥 • 81
그대 없이도 • 83
슬픔도 나니까 • 85
안심하세요 • 87
햇살 좋은 날 • 89
그리움 덕분에 • 91
꽃 한 송이 • 93
시간이 가꾼 정원 • 95
상처 • 97
상처의 씨앗 • 99
나누고 싶은 마음 • 101
커피를 내리며 • 103
고마웠어요 • 105

제4부 당당하게 잘 살아낼 수 있어요

함께 웃던 순간들 · 108
그대 덕분에 · 110
나를 위한 결정 · 112
사랑하는 나에게 · 114
안아 주세요 · 116
쉬었다 가요 · 118
용기를 내요 · 120
오늘도 잘 살아 봐요 · 122
삶은 멈추지 않아요 · 124
그 웃음 속에 · 126
눈치 보는 하루 · 128
내가 안아 줄게요 · 130
소망 · 132

기억 · 109
소중한 기억 · 111
그냥 고마워요 · 113
참지 말아요 · 115
보장 · 117
또 다른 시작 · 119
안심해도 돼요 · 121
나를 믿어요 · 123
사랑은 · 125
문이 닫힌 날 · 127
사랑이라면 · 129
예전처럼 · 131

제5부 영문번역 시

Just, Me! • 134
You, Who Are Me • 135
To the Me Back Then • 136
Even Without Giving All • 137
How Are You Doing? • 138
The Unreasoned Smile • 139
I Wanted to Smile • 140
Never Looking Back • 141
Even With No Signpost • 142
A Warm Embrace • 143
Eating With No One • 144
When You Get Used To It • 145
Tears Held Me • 146
Within Longing • 147
Wish • 148

제1부
온전한 나로 살고 있어요

아직도 그 이름은

시간이 흘렀지만
그대 이름은
여전히
사랑으로 불려요

입술 끝에서
맴도는 기억처럼.

셀카 한 장

사진 속,
서로 어깨에 기대어
환히 웃고 있는 우리

그 웃음이
지금
지갑 속에 머물러 있네요.

그냥, 나!

'나'라고
불리는 그 순간
괜히 눈물이 고였어요

누구의 아내도,
누구의 남편도 아닌
이름 속에
숨겨졌던
내가
슬며시 얼굴을 내밀었어요

처음엔 낯설었어요
꿈 속에서 본 이름 같았어요

하지만요
그 이름 앞에서
처음으로
나를 껴안아 보았어요

조금은
떨리는 마음으로

'그냥, 나'를
사랑하기 시작했어요.

진실이었다

비록
끝이 왔지만

함께한
순간순간은 진실이었어요

그 기억들이
나를 지탱해 주고

앞으로 나아갈
새 힘을 줄 거예요.

혼자라는 건

"잘 다녀왔어."

문을 열며
나에게 먼저 인사했어요

대답 없는 하루가
이 인사로
조금 따뜻해졌어요

혼자라는 건
말 건넬 용기를
스스로에게 배우는 일

그러면서
실천해 보는 일.

셀프 체크

밥은
잘 먹었나요?

잠은
잘 잤나요?

이젠 내가
당신을 챙길게요

당신이란 사람
사실은
나예요!

주말에

주말이에요
전엔 둘이었는데
이젠
혼자예요

빈 시간이
조금 외로워서
꽃 한다발 사왔어요

당신만큼은 아니지만
그래도
조금 따뜻하네요.

거울 속의 너

거울을 봤어요
그 속에
당신이 있었어요

낯설지 않았어요
왜냐하면
나였거든요

그래서
오늘 처음
내 눈을
사랑으로 바라보았어요.

너라는 나

결정은
내가 해요

조금 무서워도
괜찮아요

이제야
내가 온전한
나로
살고 있는 것 같거든요

자유는
때론
두근거리기까지 하네요.

나만의 자리

그 자리에
늘
당신이 앉았었죠

지금은
내가 앉아요

다리는 편하고
공간은 조금씩
내 것이 되어 가는데

마음은
아직 당신 쪽이에요

하지만
이것도 차츰 정리가 되겠지요

서두르진 않을게요.

나도 모르게

나도 모르게
웃었어요

순간
알았어요.

나
살고 있었구나!

그게
참,
기적이었어요

웃을 수 있잖아요
내가 나에게
얘기도 할 수 있고.

라디오 목소리

조용한 아침
라디오를 켰어요

익숙한 목소리가 말했죠
"좋은 아침입니다!"

그 인사 한마디가
내 마음을
톡- 건드렸어요

마치 누군가가
나를
기억해 준 것 같았거든요.

기회

어제는 참 많이 지쳤어요
마음도
몸도
웃음조차 무거웠죠

그런데
오늘 아침,
햇살이 살며시 속삭였어요

"오늘은 괜찮을 거야."

그 한마디에
마음이 풀렸어요

그래서 지금부터
나에게
한 번 더 기회를 주기로 했어요.

괜찮아, 수고했어

그땐 많이 힘들었어요
그래도
참 열심히 살아냈어요

어설펐지만
진심이었어요

그래서
그때의 나를 토닥여 줬어요

"괜찮아, 수고했어!"

그냥 살아준 것만으로도
고맙다고
나에게 말했어요.

많이 힘들었지?

무너졌던 날들이 있었죠
아무 말 없이
흐느끼기만 했던 날도 있었고
주저앉아
펑펑 울던 밤도 있었죠

그때의 난
참 안쓰러웠지만
사랑스럽기도 했어요

이제는
그 모든 순간을
가만히 안아 주고 싶어요

"그랬구나. 많이 힘들었지?"

그땐 몰랐어요

그땐 정말 몰랐어요
어떻게 마음을 주고
어떻게 받아야 하는지

서툴렀기에
상처를 주고
상처도 받았죠

그런데 이제 와서 보니
그 모든 순간이
내 삶이었어요

서툴렀지만
진심이었고요
그것만으로도
충분했어요.

'용서'라는 이름

미안했어요
당신에게도
나에게도

그 마음
가만히 꺼내 봤어요

눈물이 날 것처럼
슬플 줄 알았는데
아니었어요

그래서
이름을 붙였어요
'용서'라고요.

조금씩

용서가
금방 되는 줄 알았어요
그런데 아니더라고요

천천히
정말 천천히
조금씩 다가오더라고요

그래서 기다렸어요
나를
조금씩 풀어 줄 그 마음을…

서두르지 않아도 돼요
조금씩이면
그걸로 충분하니까요.

용서의 속도

용서는
짠한 햇살처럼 오지 않아요

구름 사이로
조금씩 스며드는 빛처럼

천천히
아주 천천히
내 마음 안으로 들어왔어요

그래도 괜찮아요
빨라야 할 이유는 없으니까요

오늘도
느린 걸음으로
조금씩
나를 풀어 주고 있어요.

그때의 나에게

사진 속 너는
참 잘 웃고 있더라

그때 너는 몰랐지?
얼마나 사랑받을 자격이 있었는지

지금 나는 알아
웃음 하나로도
충분했다는 걸

그래서
말해 주고 싶었어
그때의 나에게

"참 예뻤어."
"참 괜찮았어."

다 주지 않아도

사랑할 땐
다 줬어요

마음도
시간도
꿈도
모두 다요

그게
진짜 사랑인 줄 알았거든요

그런데
이별하고 나서 알았어요

사랑은
다 주지 않아도
성립된다는 걸요

이젠
나를 남겨 둘 줄 아는
조금은 여유 있는
그런 사랑을 하고 싶어요.

그리움

처음엔
진했어요
당신의 그리움이

어디서든
느껴졌어요

그런데
시간이 흐르면서
조금씩
희미해져 갔어요

지금은
가끔 흩어지는 향기처럼
스쳐 가요.

이름을 들어도

당신 이름을
들었어요

예전 같으면
가슴이 쿵 내려앉았을 텐데

오늘은
덜 아팠어요

그리움이
조금은
무뎌졌나 봐요

이제야
조금
괜찮아진 것 같아요.

지금은

예전엔
그 사진 보면서
울었어요

웃고 있는
우리 모습이
너무 그리워서요

근데 지금은
그냥
따뜻하게 느껴져요

그 시절의
우리였으니까.

가끔, 문득

그땐
하루 종일
당신 생각뿐이었어요

근데 요즘은
가끔,
문득,
그 정도예요

조금씩
덜 생각나는 걸 보면

이제
괜찮아지고 있나 봐요.

시간이 조금씩

같은 계절이
또 왔어요
예전처럼 그대 생각이
쏟아지지 않더라고요

그리움이 줄었다고
내 마음이 변한 건 아니에요

그냥
시간이 조금씩
나를 놓아준 거예요.

그대와 듣던 노래

그대와 듣던 노래
처음엔
한 소절도 아팠어요

지금은
끝까지 듣고
그대 이름
속으로 불러봐요

숨을 고르며
그대와
또 한 곡 함께 불러봐요.

제2부
느려도 조급해하지
않을게요

밥은 잘 먹고 있나요

이젠
물어보지 않지만
가끔 생각나요

"당신!
밥은 잘 먹고 있나요?"

내 마음은
여전히
당신을 챙깁니다.

생일에

내 생일
몰라도 괜찮아요
나만 알고 있으니까요

당신이 떠난 날부터
내 생일은
내가 나를 챙기는 날이 되었어요

내 마음에
작은 촛불 하나 켰어요

당신이 봐줬으면 좋겠어요.

내 안의 계절

당신을 다시 만나지 않아도
괜찮아요

우리, 한때
서로의 하루에 머물렀잖아요

그 시간,
내 마음은 따뜻했고
당신도 웃고 있었으니까요

바람이 머물다 가듯
꽃이 피었다 지듯
그렇게
당신은 내 안의 한 계절이었어요

지금
당신이 어디에 있든
나는 그걸로 충분해요

당신도 살아 있고
나도 살아 있으니까요.

살아 있다는 증거

창밖에서
길고양이 한 마리가
햇살과 놀고 있어요

그 모습 보며
피식, 웃음이 나왔어요

아무 말도 없었지만
그 순간
내 마음에
사랑 담을 공간이 생겼어요

내가 다시
살아 있다는 증거 같았어요.

이유 없는 미소

햇살이 좋았어요
따뜻한 커피 한 잔도 있었고요

그런데
그것 때문만은 아니에요

나도 모르게
살짝 웃고 있었어요

아무 이유 없이
당신 생각이 났거든요

그저 그 순간이
참 고마웠어요.

낯선 웃음

웃음이 낯설었어요
너무 오랜만에
찾아왔거든요

그래서
조금 어색했지만
더 반가웠어요

웃고 나니까
슬픔도
내가 웃는 걸
좋아하는 것 같았어요.

희망

처음으로
나를 위해
웃고 싶었어요

누가 보라고
웃는 게 아니라
내 마음이 좋아서
웃는 거요

그 마음이
내 안에 살고 있다는 것
그게
희망이었어요.

눈물 끝에 핀 웃음

한참 울고 났는데
슬며시
웃음이 나왔어요

마음도
그렇게 조금씩
회복되어 가나 봐요

눈물 끝에 핀 웃음이
참 고마웠어요.

대견한 나

오늘
웃었어요
왜 웃었는지는
묻지 말아 주세요

그냥
웃고 싶었고
웃을 수 있었어요

그거면
오늘은
충분히 좋은 날이었어요

길고 긴 시간
돌아 돌아
이 자리까지 온 내가
참 대견했어요.

설렘

당신 없이
처음 걷는 길
낯설었지만
설렘이 먼저 와 줬어요

두려움보다
기대가
내 손을 먼저 잡아 줬어요

그래서 알았어요
이 길에
나를 기다리는
내가 있다는 걸요.

뒤돌아보지 않기

이제는
뒤를 보지 않기로 했어요

과거가 아무리
나를 불러도
그냥 조용히
앞을 보기로 했어요

조금 느려도
괜찮아요

내가 나를
한 걸음씩
응원하기로 했거든요.

이정표가 없어도

이정표가 없어도
괜찮았어요

길이 안 보여도
걷다 보면 알게 되더라고요

내 마음이
가고 싶은 곳이

나에게는
언제나
정답이었어요.

넘어져도 괜찮아

걷다가
넘어졌어요

괜찮아요
조금 쉬면 되니까요

이건 달리기가 아니고
나를 위한
천천히 걷기입니다

아니,
나를 세상에 세우기입니다.

나답게

정해진 길보다
나의 걸음이 중요했습니다

남들보다 늦더라도
나는
내 마음에 귀 기울이며
천천히 걷기로 했습니다

삶은
빨리 도착하는 것이 아니라
나답게 살아가는 길이니까요

이만큼 와서
나같이 사는 사람들을 보니

맞아요,
나답게 살아야 합니다.

지금 이대로

느려도 괜찮습니다
조급해하지 않겠습니다

그리고
남의 길을
부러워하지 않겠습니다

나의 속도
나의 호흡
지금 이대로 충분하니까요.

천천히 피는 꽃

봄은
하루 아침에 오지 않지요

그래서
내 마음도
천천히 피우기로 했어요

조급해할 필요 없어요
꽃은
늦게 피어도 아름다우니까.

결국, 걸어왔다

가다 멈추고
가다 흔들렸는데

돌아보니
꽤 멀리 와 있네요

천천히,
그러나
분명히 내 길을
잘 걸어왔는데

잘못된 거
아니죠?

내가 나에게

그대에게
건네던 말들을

이젠
나 혼자 합니다

안부도
보고 싶다는 말도
사소한 투정도
다시 돌아올 수 없는 걸
알면서도

이젠
내가 나에게 던지고
답도
나에게 듣습니다.

길 위에서

그 길을
돌아갑니다

길 위에는 아무것도 없지만
내 마음에는
당신 발자국이 남아 있어서

나는
지금
피하는 연습을
하고 있습니다

해도
해도
낯설기만 합니다.

보내지 않는 말

새벽이면
메시지를
썼다
지웠다

또
썼다
지웠다

글씨는
지워졌지만
마음은
남았습니다

남았으니
만나게 될 텐데
그냥
지나쳐야겠지요?

덜어 내기

매일 아침
눈을 뜨면
당신을
지웁니다

조금씩
조금씩
덜어 냅니다

이별은
너무 아파서
천천히
조금씩 해야 하나 봅니다.

흔적

내가 했던 말
그리고
당신이 남긴 침묵

모든 순간이
지워지지 않는
흔적이 되어

가끔, 아주 가끔씩
내 가슴을
조용히
베어 냅니다

하지만
아픔은
견딜 만합니다.

삶이 준 선물

누군가의 품이
그리운 밤

나는 조용히
두 팔을 들어
어깨를 감싸 안았습니다

아무 말 없이
그러나
가장 깊은 위로로

나를 안을 수 있다는 건
삶이 내게 준
또 하나의 선물입니다.

위로

"괜찮아!"
누가 말해 주지 않아도 돼요

오늘은 내가,
나에게 해 줄 차례니까요

조금 울고
조금 쉬었다가
작은 미소 하나 건네면

세상에서 제일
따뜻한 위로가 되더라고요.

조용한 저녁

혼자 있는 저녁
예전엔
좀 울적했는데

요즘은
그 시간이
제일 따뜻하더라고요

외로움이 아니라
나를 쉬게 하는
회복이 되고 있어서요.

매일 연습

처음엔
자꾸 흔들렸고

다음엔
자꾸 느려졌어요

그런 날들이
모이고 모여

지금의
내 걸음이 되었고

이제
잘 걷고 있어요.

혼자 걷는 거리

둘이 걷던 길을
이젠 혼자 걷고 있어요

그런데
외롭지 않아요

왜냐하면
그 길엔
웃는 내가 있고

지금 이 순간
만족해하는
내가 있어요.

제3부
다시 웃을 수 있어서 고마워요

괜찮아요

오늘은
그대 이름이
떠오르지 않았어요

그런데
그게 꼭 슬프진 않아요

그냥 하루를
잘 살아낸 느낌이에요

그대 없이도
조금씩 괜찮아지고 있어요

아니,
조금씩 자라고 있어요.

혼자 먹는 밥

이젠
혼자서 천천히 먹어요

그런데
생각보다 괜찮아요

조용히
나를 챙길 수 있고

가끔은
혼자인 나를
돌아볼 수도 있어요.

나의 달력

예전엔
달력에 '우리' 약속이 많았죠

이제는
'나'의 일정들로
하나씩 채워 가요

텅 비었던 칸들이
조금씩 살아나고 있어요

나만의 시간도
우리 시간만큼
값어치 있더군요.

그대 없이도

올해도 봄꽃이
예쁘게 피었어요

그대 없이도
그냥 예쁘더라고요

사랑 없이도
아름다울 수 있다는 걸
이 봄이 알려 줬어요.

익숙해지면

가끔
그대 모습이 떠올라요

예전 같으면
눈물이 먼저였을 텐데
지금은 그냥 웃어요

그리움도
익숙해지면
아프지 않더라고요.

슬픔도 나니까

슬픔은
지우려 해도
사라지지 않더라고요

그래서
그냥 품기로 했어요

슬퍼도
그게 나니까
괜찮다고
말해 주기로 했어요

내가
조금 더
단단해지고 있는 거지요?

그냥 놔둬요

버리려고 애쓰던 감정들
이제
그냥 놔둬요

달래지도 않고
밀어내지도 않고
천천히
숨 고르며
같이 걷기로 했어요

그랬더니
마음이
조금 편안해졌어요

이러다 언젠가
내 안에
꽃도 피우겠지요.

안심하세요

예전처럼 선명하진 않아도
아직
슬픔은 남아 있어요

그런데
그 슬픔이
이젠 무섭지 않아요

그림자와
같이 살아가기로 했거든요

그 그림자가
당신은 아니니
안심해도 돼요.

살아 보니

처음엔
나만 힘든 줄 알았어요

그런데
살아 보니
누구나 가슴에
작은 슬픔 하나
담고 살더라고요

나의 짐도
너의 짐도
결국은
우리 모두의
이야기였어요.

햇살 좋은 날

비 오는 날
깊은 슬픔이
내 안에 담겼다가

햇살 좋은 날
살짝
눈을 감게 해요

그래서
오늘 같은 날
웃을 수 있어
햇볕이
참 고마워요.

이 말 한마디

"나, 아직 아파!"

이 말 한마디가
예전엔
숨이 막힐 만큼 무서웠어요

하지만
지금은 괜찮아요

그 말 하고 나니까
마음에
새 길을 뚫은
기분이 들어요.

그리움 덕분에

그리움은
쉽게 사라지지 않더라고요

그 안에서
나는 조금씩
자라고 있었어요

울면서도
한 뼘씩
자란 거예요

그리움 덕분에
조금 더
성숙한 사람이 되었어요.

오늘도 나는

슬픔은
아직 그대로지만

나는 오늘도
숨 쉬고 있어요
밥도 짓고
조금 웃기도 했어요

그렇게
나는
살아가고 있어요

저 잘 견디고 있죠?

꽃 한 송이

깊게 패인
마음 한 자리

조용히
꽃 한 송이 피어났어요

그렇게
상처는
아픔이 아니라
꽃밭이 되어 갔어요

꽃밭 없이도
꽃이 피다니…

참 신기합니다.

새순이 올라왔어요

눈물로 젖었던 자리
살그머니
새순이 올라왔어요

아파서
쓰러진 줄 알았는데

그 자리에서
조금씩
자라나고 있었어요.

시간이 가꾼 정원

처음엔
가슴이 쓰라렸어요

시간은 그 자리에
한 송이
또 한 송이
꽃을 피웠어요

아픈 마음이
정원이 되었어요

정원 가득
슬픔 대신
꽃이 피었어요

그러니
견딜 수 있다고
말할 수 있어요.

이제야 피는 꽃

그땐
아파서 피지 못했어요

마음이
얼어붙었었거든요

이제는
조금씩
꽃망울이 맺히고

시나브로
봄꽃으로 피어나요

그 꽃도
꽃을 피운 봄도
나예요.

상처

햇살 좋은 날
반짝이는 걸 봤어요

가까이 가 보니
그게
내 상처였어요

상처도
빛을 받으면
아름다워지는 것을
그때 알았어요.

그대와의 기억

이젠
그대와의 기억이
꽃처럼
향기로워졌어요

생각만 해도
마음이 편안해요

또
이만큼
자란 거겠지요.

상처의 씨앗

울면서
물을 주고

기다리면서
햇살을 받았더니

그 상처가
어느새
꽃으로 피었어요

그대가 없으면
모두 불가능하다고
생각했는데

참 신기하죠?

조금 모자라도

이번 사랑은
완벽하지 않아도 괜찮아요

조금 삐걱거려도
서로의 틈까지
따뜻하게 품을 수 있다면

그것으로
충분하니까요.

나누고 싶은 마음

아프고 나서야
알았어요

내가 얼마나
따뜻한 사람인지

이제
그 따뜻함을
조금씩 나누고 싶어요

그렇다고
돌아가서
나누고 싶은 마음은 없으니
걱정 안 해도 돼요.

열린 창문으로

추운 날
창문을 살짝 열었어요

혹시
그 사이로
봄바람이 들어올까 해서요

그런데
열린 창문으로
설렘이 들어오는 거 있죠

그럼, 이제
다시
사랑해도 될까요?

커피를 내리며

누군가를 위해
따뜻한 커피를 내리고 싶어요

하루종일
날씨를 걱정하면서
마음을 쓰고 싶어요

다시
그런 설렘
찾아오겠지요?

기다리고 있으니
당연히 오겠지요.

믿음 하나로

아픈 시간도 있었지만
그래도
나는 사랑을 믿어요

그 믿음 하나로
다시 웃고
다시 걸어가요

그 길 끝
새로운 그대가 있다고 믿기에
마음이 두근거려요

그 사람 어떤 모습일까요?

고마웠어요

짧았어도 사랑이고
길었어도 사랑이고

그대를 사랑한 시간은
진심이었어요

그래서
지금도
고맙다고 말해요

돌아보니
그 순간순간이
향기 진한
꽃이기도 했고요.

제4부
당당하게 잘 살아낼 수 있어요

함께 웃던 순간들

그대와
함께 웃던 순간들

지금 생각해 보니
내가
버틸 수 있었던 이유 같아요

그때 웃던 나
그때 웃어 준 그대

돌아보니
정말 고마웠어요.

기억

그리움이
조금씩 흐려졌다고

사랑이
사라진 건 아니에요

그냥
내 마음이
당신을
조금 덜 아프게
기억하는 거예요.

그대 덕분에

사랑도
이별도
다 그대 덕분에 배웠어요

넘어져서
아팠던 것도
다시 일어선 것도

지금의
나를 만든 건
결국 그대였어요

그렇다고
고맙다는 말은
하지 않으렵니다.

소중한 기억

아무렇지 않게
함께했던 일상이었어요

그런데
지나고 보니
그게 제일 소중한 기억이네요

그 순간들은
내 삶에
선물들로 채워졌어요

하지만
이 선물
누구에겐가
다시 줄 수는 없어요

그냥
내가 받은 것으로
끝이었으면 좋겠어요.

나를 위한 결정

끝을 정해 준 그대가
처음엔
서운하고 아팠어요

그런데
생각해 보니
그 결정도
나를 위한 거였어요

가끔
커피 한 잔 앞에 두고
"고마웠어!"
이 말도
빈 잔에 담을 수 있어요.

그냥 고마워요

이유는 없어요
그냥, 그대였으니까요

한때
내 사람이었던 그대에게

함께했던 시간과
머물렀던 기억!

지금은
모두
고맙다고 말해요
사랑했던 것
맞죠?

사랑하는 나에게

정말 고생 많았어
남들은 몰라도
나는 잘 알아

많이 참고
많이 버텨 줬지

너,
정말 멋진 사람이야
그런 너를
몰라주니
그게 문제였지만.

참지 말아요

울고 싶으면
그냥 울어요

괜히
참지 말아요

눈물이
편하게 해 줄 거예요

괜찮아요
울음소리가 들리면
어때요

그만큼
더 속이
시원해질 거예요.

안아 주세요

이제
따뜻하게
안아 주세요

세상이 힘들게 해도
손을 꼭 잡고
놓지 마세요

당신은
사랑받아야 할 사람이니까요
내가 보장할 수 있어요.

보장

너무
빨리 가려고 하지 마세요
천천히
가던 속도로 가면 어때요

비교하지 말고
눈치도 보지 말고

그냥
지금처럼 지나가도
충분히
잘 살아낼 수 있어요.

제가
보장한다니까요.

쉬었다 가요

힘들면
그 자리에
그냥 멈추어요

쉬어 가는 것도
살아가는 거니까요

그러니
걱정 말아요

쉬었다가
다시 가면
그만큼 더
멀리 갈 수 있으니까요.

또 다른 시작

나는 알았어요
이혼은 끝이 아니라
또 다른 시작이라는 걸

아픔을 지나
희망으로 향하는
내 삶을
다시 열어가는
첫걸음이었어요

그러니
용기를 내보세요
더 멋진 삶이
기다리고 있을지 모르잖아요.

용기를 내요

처음부터
내 인생을 다시 적어요

이혼은
지운 게 아니라
다시 쓰는 거라 했잖아요

그러니
부끄러움이 아니라
용기일 수 있어요

미처 피우지 못한 내 꿈
피울 수도 있고요

그러니 용기를 내 봐요.

안심해도 돼요

지우고 싶던 상처가
아프게 하는 줄 알았어요

그런데 그 상처가
오히려 나를
다시 일으켜 세우더군요

이제는
쓰러질 일 없으니
안심해도 돼요.

오늘도 잘 살아 봐요

눈을 뜨고
커튼을 열었어요

그리고
작게 중얼거렸어요

"오늘도 잘 살아 봐야지."

어제보다
조금 더 가볍게
조금 더 따뜻하게
들렸어요

이렇게 차츰
자라고 있다는 뜻이겠지요.

나를 믿어요

하루가
고단하고 무너질 것 같지만
나는 알아요

조금 울어도
조금 지쳐도
다시 일어설 거예요

또 살아낼 거예요

나를 믿으니까요
믿을 수 있으니까요.

삶은 멈추지 않아요

사랑은 멈췄지만
삶은 멈추지 않아요

그냥
나를 앞으로 데려가고 있거든요

오늘도
나는 걸어요
아무 일 없었던 듯이

아니,
내가 나를 찾고
더 당당하게요.

사랑은

모양은 바뀌어도
사라지는 건 아니에요

사랑은
그냥
다른 모습이 되었을 뿐,
어떻게 하냐며
바라보고 있어요.

그 웃음 속에

사진 속
아이가 웃고 있어요

그냥 보기만 했는데
나도
따라 웃고 있었어요

그 웃음 속에
당신도 있고
나도 있어요

오랜만에
나를 보고 행복했어요.

문이 닫힌 날

문이 닫힐 때마다
내 마음도
조금씩 닫혔어요

그러나
나는 아직
문 하나를 열어 두었어요

혹시
엄마가 돌아올 때
아빠가 불러 줄 때
못 열고
포기하고 돌아갈까 봐.

눈치 보는 하루

조용한 말투
작은 발소리

나는 하루 종일
눈치라는
유령과 놀았어요

그러다
그 유령이
친구하자 했어요

하지만 나에게는
혹시나 하는 친구가
이미 있어서
받아들일 수 없었어요.

사랑이라면

엄마도
아빠도
나를 사랑한다고 말했어요

그런데
왜 이렇게
가슴이 아플까요

사랑이라면
기댈 수 있어야 하는데
나는 왜 자꾸 숨고 싶어질까요.

내가 안아 줄게요

엄마가 울지 않게
아빠가 멀어지지 않게

나는
작은 가슴으로
두 사람을 안았어요

그날 어린 나는
세상을 꼭 껴안았어요

이대로 풀리지 않게
꼭~
묶였으면 좋겠어요.

예전처럼

우리 같이
사진 찍던 날처럼

세 사람
같이 웃던 날처럼

한 번만
다시 안아볼 수 없나요

웃으면서
딱
한 번 만.

소망

비록
같이 살지 않아도

나는
아빠 엄마 사이에서
살고 있어요

그건 변하지 않아요.

제5부
영문번역 시

Just, Me!

The moment I was called "me,"
tears welled up
for no reason.

Not someone's wife,
not someone's husband,
within the name
long hidden.

"Me"
gently revealed its face.

At first, it felt strange,
like a name I had seen only in dreams.

But before that name,
for the first time,
I embraced myself.

With a heart
slightly trembling,

I began to love
"just me."

You, Who Are Me

The decision—
I make it.

Even if I'm a little afraid,
that's all right.

At last,
I feel I'm living
as my whole,
true self.

Freedom,
at times,
makes my heart tremble.

To the Me Back Then

In the photograph,
you were smiling so brightly.

Back then, you didn't know, did you?
How worthy you were of love.

But I know now—
even a single smile
was more than enough.

So, I wanted to tell you,
the me of that time:
"You were beautiful."
"You were just right."

Even Without Giving All

When I loved,
I gave everything.

My heart,
my time,
my dreams,
I handed them all over.

I thought
that was what true love was.

But after parting,
I came to know:

Love,
even without giving all,
can still be love.

Now,
I wish to love
with a little more grace—
a love that knows
how to leave some for myself.

How Are You Doing?

I don't ask anymore,
but sometimes,
I still think of you.

You—
how are you doing?

As for my heart,

it still,
without fail,
cares for you.

The Unreasoned Smile

The sunlight was gentle,
and there was a warm coffee.

But that was not
the reason.

Without knowing why,
I found myself smiling—

For no reason at all,
you came into my mind.

Just that moment
was so thankful.

I Wanted to Smile

For the first time ever,
for myself,
I wanted to smile—

To smile,
not to be seen,
but because
I loved my own heart.

The heart,
alive within me,
That
was hope.

Never Looking Back

From now on,
I've decided not to look back.

No matter how loudly
the past calls out my name,
I'll simply, quietly,
face forward.

A little slow,
that's all right.

Because I've promised myself
to cheer me on,
one step
at a time.

Even With No Signpost

Even without a signpost,
I was all right.

When the road
was nowhere in sight,
by walking,
I found my way.

Where my heart
longed to go
has always been,
for me,
the right way.

A Warm Embrace

Though some leave,
and some are forgotten,

the one who stays,
in the end,
is me.

So,
my heart
gently pats me—

For it has been,
warmest of all.

Eating With No One

We
used to share our meals
side by side.

Now,
I eat slowly,
by myself.

And yet,
it's not so bad.

Quietly,
I can take care of myself,

and sometimes,
I can look back at the one
who eats alone.

When You Get Used To It

At times,
your face drifts into mind.

Once,
tears would have come first,
now, only a small smile.

Even longing,
when you get used to it,
forgets to ache.

Tears Held Me

Had I not cried then,
I might have crumbled.

Those tears
held my heart together.

Because of them,
I can live
as who I am now.

So,
all I can say
is thank you.

Within Longing

Longing,
it never fades easily.

Inside it,
I was slowly
growing.

Even through tears,
I grew
inch by inch.

Thanks to longing,
I've become
a little more whole.

Wish

Even though
we don't live together,

I still live
in the space
between Dad & Mom.

Never
will that change.